BEI GRIN MACHT SICH IHR
WISSEN BEZAHLT

Anne-Kathrin Petri

Der Froschkönig: Bewertung als didaktisches Material für den Grundschulunterricht

GRIN Verlag

Bibliografische Information der Deutschen Nationalbibliothek:

Die Deutsche Bibliothek verzeichnet diese Publikation in der Deutschen National-
bibliografie; detaillierte bibliografische Daten sind im Internet über http://dnb.d-
nb.de/ abrufbar.

Impressum:

Copyright © 2013 GRIN Verlag GmbH
Druck und Bindung: Books on Demand GmbH, Norderstedt Germany
ISBN: 978-3-656-51152-6

Dieses Buch bei GRIN:

http://www.grin.com/de/e-book/262304/der-froschkoenig-bewertung-als-didakti-
sches-material-fuer-den-grundschulunterricht

GRIN - Your knowledge has value

Der GRIN Verlag publiziert seit 1998 wissenschaftliche Arbeiten von Studenten, Hochschullehrern und anderen Akademikern als eBook und gedrucktes Buch. Die Verlagswebsite www.grin.com ist die ideale Plattform zur Veröffentlichung von Hausarbeiten, Abschlussarbeiten, wissenschaftlichen Aufsätzen, Dissertationen und Fachbüchern.

Besuchen Sie uns im Internet:

http://www.grin.com/

http://www.facebook.com/grincom

http://www.twitter.com/grin_com

Erziehungswissenschaftliche
Fakultät – Fachgebiet Grundlegung
Deutsch

Analyse und Beurteilung eines didaktischen

Materials im Bereich Kinderliteratur

„Der Froschkönig und der eiserne Heinrich" (Volksmärchen)
(In: Bunk, Hans-Dieter: Märchen für die Grundschule. Stuttgart und Leipzig: Ernst
Klett Verlag 2013)

Seminar „Einführung in die Deutschdidaktik"
B PEB 2012 PEB G 100 # 01
Sommersemester 2013

Von:
Anne-Kathrin Petri
Bachelor – Hauptstudienrichtung: Primare und Elementare Bildung,
Nebenstudienrichtung: Anglistik/Amerikanistik,
2. Fachsemester

1. Einleitung

Märchen sind seit ihrem Bestehen, aber auch noch heutzutage, ein elementares Kulturgut. Sie zählen zu einem der beliebtesten Genre der Kinderliteratur und werden häufig von Eltern vor-, oder aber von den Kindern selbst gelesen. Diese sind begeistert von den Helden, die vor unlösbar erscheinende Aufgaben gestellt werden und es irgendwie doch schaffen, sie zu bewältigen. Es ist festzustellen, dass von diesem Genre gerade für jüngere Kinder ein regelrechter Zauber ausgeht[1].

Fragt man Kinder nach den berühmtesten Märchen, so fällt sofort der Begriff Gebrüder Grimm. Diese begannen sich bereits zu Beginn des 19. Jahrhunderts für Märchen zu interessieren. Die im Jahre 1812 erschienene Sammlung ihrer „Kinder- und Hausmärchen" ist wohl eine der bekanntesten Märchenschöpfungen weltweit. Die obersten Prioritäten der Gebrüder Grimm bei der Erschaffung dieses Märchenbuches lagen dabei auf der Erhaltung des Volksgutes aber auch darauf, die Ängste der Kinder zu benennen und sie dadurch zu bekämpfen. Diese „Erfahrungen existenzieller menschlicher Grundsituationen" sind es auch, die laut Karin Richter den „eigentlichen Reiz" des Märchens ausmachen und dafür sorgen, dass es bis heute „lebendig" ist[2].

Die Märchen der Gebrüder Grimm gehören genauer betrachtet zur Gattung der Volksmärchen. Sie wurden in den unteren sozialen Schichten zunächst mündlich weitergegeben, was dazu führte, dass sich verschiedene Varianten gebildet haben und die Geschichten über die Jahre immer weiter ausgeschmückt wurden. Die Gebrüder Grimm setzen dem ein Ende, als sie sich dazu entschlossen sie niederzuschreiben. Desweiteren sind Volksmärchen stilistisch „geprägt durch einen praktischen Satzbau, formelhafte Wendungen, direkte Rede, Verse, durch Typisierung der Personen und Schwarzweißmalerei, durch Kontrastierung und Polarisierung, durch Symbolik und schließlich durch das Happy-End"[3]. Das bedeutet, Volksmärchen sind einfach gestaltet um sicherzugehen, dass sie auch für jeden verständlich und nachvollziehbar sind.

All diese Merkmale finden sich auch im Grimmschen Märchen „Der Froschkönig und der eiserne Heinrich" wieder. Im Folgenden soll analysiert und beurteilt werden, in wie weit sich dieses Märchen in den Grundschulunterricht integrieren lässt und ob anhand des dargereichten didaktischen Materials ein tieferer Zugang zum Inhalt des Textes möglich ist.

---

[1] Vgl. Richter, 2007, S.34
[2] Richter, 2007, S. 34
[3] Lange/Ziesenis, 2010, S. 233

2. Inhalt des Märchens sowie Analyse des Sach- und Sinnpotentials

Das Märchen „Der Froschkönig und der eiserne Heinrich" beginnt damit, dass die jüngste und schönste der Prinzessinnen an einem Brunnen mit ihrer goldenen Kugel spielt, bis diese in den Brunnen fällt. Daraufhin zeigt sich ein Frosch und bietet ihr an, im Tausch gegen ihre Gesellschaft und Freundschaft, die Kugel wieder hinauf zu holen. Nachdem dies passiert ist, nimmt die Prinzessin ihre Kugel und läuft ohne den Frosch davon. Doch er kommt ihr nach und fordert ihr Versprechen vor ihrem Vater, dem König, ein. Widerwillig genehmigt die Prinzessin dem Frosch mit ihr an einem Tisch zu Essen und lässt ihn auch in ihr Zimmer, wo sie ihn in einer Ecke absetzt. Den Höhepunkt erreicht die Geschichte, als der Frosch von der Prinzessin verlangt, mit in ihr Bett zu dürfen, woraufhin sie ihn gegen die Wand wirft. Er verwandelt sich dabei in einen Prinzen und am nächsten Morgen werden die beiden zu seinem Schloss gebracht und dabei von einem Diener namens Heinrich begleitet.

Der Märchenforscher Max Lüthi legte in Bezug auf Volksmärchen folgende Merkmale fest: Eindimensionalität, Flächenhaftigkeit, abstrakter Stil, Isolation und Allverbundenheit, Sublimation und Welthaltigkeit[4].

Die Eindimensionalität beschreibt das Merkmal eines Märchens, bei dem fiktive und reale Welt selbstverständlich miteinander verknüpft werden. Diese zeigt sich im vorliegenden Märchen insofern, dass die Prinzessin wie ein gewöhnliches Mädchen am Brunnen sitzt und spielt, dann aber beginnt, mit einem Frosch zu sprechen. Menschen kommunizieren mit größter Normalität und Selbstverständlichkeit mit Tieren, was zugleich auch auf die Allverbundenheit hinweist.

Die Flächenhaftigkeit wird in diesem Märchen deutlich, indem die Charaktere lediglich erwähnt werden, jedoch alle - außer Heinrich - keinen Namen besitzen und auch nicht im Detail auf sie eingegangen wird. Sie werden also nicht beschrieben und dem Leser wird keine psychologische Schilderung der handelnden Personen geliefert.

Desweiteren findet man im „Froschkönig" den abstrakten Stil, welcher durch gegenüberstellende Kontraste charakterisiert wird. Die Prinzessin wird als wunderschön, der Frosch dagegen als hässlich dargestellt. Sie wohnt in einem prachtvollen Schloss, er in einem tiefen, dunklen Brunnen.

Die Isolation, das laut Lüthi „entscheidende Wesensmerkmal"[5], zeigt sich in den geschlossenen Handlungssträngen. Die einzelnen Handlungen sind klar voneinander zu unterscheiden. Zunächst geht es um das Verlieren und Wiederholen der goldenen Kugel,

---

[4] Vgl. Lüthi, 1997, S. 1
[5] Vgl. Lüthi, 1997, S. 1

3

danach um die Einhaltung des Versprechens und zum Schluss um die Rückkehr des Prinzen zum Schloss zusammen mit seiner Auserwählten.

Der Bereich der Welthaltigkeit wird im vorliegenden Märchen durch die Behandlung von alltäglichen Problemen, welche insbesondere Kinder beschäftigen, aufgegriffen. Zunächst einmal spielt die Prinzessin ganz allein am Brunnen. Doch es wird deutlich, dass sie sich nach Gesellschaft sehnt, da sie sich an besagtem Brunnen aufhält, welcher üblicherweise im Mittelpunkt eines Dorfplatzes steht und somit für Kontakt mit anderen Bürgern sorgt. Desweiteren ist von Beginn an stets von einem König, aber von keiner Königin, die Rede. Das heißt, dass die Prinzessinnen vermutlich ohne Mutter aufgewachsen sind und der Vater für die gesamte Erziehung verantwortlich war. Dies stellt auch heutzutage noch ein sehr aktuelles Problem für viele Kinder und Jugendliche dar.

Auch im Froschkönig findet sich wie in fast jedem Märchen eine typisierte Eingangsfloskel. Es heißt: „In alten Zeiten, als das Wünschen noch geholfen hat, lebte einmal ein König, der hatte eine wunderschöne Tochter." Dieser Einstieg weckt das Interesse der Kinder am Märchen und fördert gleichzeitig ihre Fantasie, indem er sie zum Nachdenken anregt: Welche alten Zeiten könnten gemeint sein?

Die Prinzessin wird im Märchen „Der Froschkönig und der eiserne Heinrich" als äußerlich vollkommenes, aber auf der anderen Seite auch sehr eigennütziges und berechnendes Mädchen dargestellt. Als sie auf den Frosch trifft, hat sie nur das Zurückerlangen ihrer Kugel im Sinn und plant schon im Voraus dem Frosch nicht das zu geben, was er von ihr fordert. Sie will ihr Versprechen vorsätzlich nicht einhalten.

Der Frosch auf der anderen Seite möchte aus seiner Verwünschung gerettet werden und unternimmt alles Erdenkliche, um seine normale Gestalt zurück zu gewinnen. Dies lässt ihn in Abhängigkeit zu der Prinzessin stehen. Zunächst ist er noch voller Hoffnung, dass die Prinzessin ihr Versprechen auch einlöst. Diese schlägt dann aber durch das gleichgültige Verhalten des Mädchens in pure Enttäuschung um.

Der König stellt als Vater der Prinzessin sicher, dass diese ihre Versprechen gegenüber anderen einhält. Damit ist er eine Art moralische Instanz. Dadurch wird die Prinzessin in eine Art inneren Konflikt gerissen, da sie auf der einen Seite ihrem Vater gehorchen möchte, auf der anderen Seite aber angewidert ist von dem Frosch, mit dem sie ihr Bett teilen und gemeinsam speisen soll. Dieser Konflikt ist auch heutzutage noch sehr aktuell, denn Kinder stehen immer in dem Zwist zwischen auf die Eltern hören und vernünftig sein oder machen wonach ihnen selbst zumute ist.

Die Sprache im Märchen ist sehr einfach, bildhaft und abstrakt. Es wird, wie bereits erwähnt, der typische Anfang eines Märchens verwendet und außerdem werden viele Reime genutzt, wie zum Beispiel: „ ‚Heinrich der Wagen bricht!' – ‚Nein, Herr, der Wagen nicht…' ". Durch den auktorialen Erzählstil wird die Geschichte nicht aus der Perspektive einer Figur geschildert, sondern aus einer neutralen Situation heraus. Der Sprachstil des Märchens ist für Kinder gut verständlich und auch geeignet, um tiefer in die Geschichte „einzutauchen".

3. Analyse und Beurteilung der didaktischen Materialien

Das Unterrichtsmaterial aus „Märchen für die Grundschule", welches von Hans-Dieter Bunk erarbeitet wurde, beginnt mit einer kompletten Fassung des Märchens, zu der dann vier Aufgaben gestellt werden.

Die Fassung des Märchens basiert auf dem Originaltext, lediglich das Wort „Fretsche" wurde im vorliegenden Material durch das geläufigere Wort „Frosch" ersetzt. Das dient dazu, dass der Text für die Kinder besser verständlich ist.

Zum Text gibt es vier kindgerechte und anschauliche Illustrationen. Die erste stellt die Verzweiflung der Prinzessin nach dem Verlust ihrer goldenen Kugel dar. Die zweite beschäftigt sich mit der Szene beim Abendessen an der königlichen Tafel und die dritte zeigt den Frosch, der seine Suppe vom „goldenen Tellerlein" der Prinzessin essen darf. Als viertes und letztes wird das mit Bändern umschlossene Herz des Dieners Heinrich illustriert. Alle Zeichnungen sind sehr ansprechend und unterstützen die bildliche Veranschaulichung des Märchens.

In der ersten sich an den Text anschließenden Aufgabe, bei der die Schüler die Gedanken der Prinzessin wiedergeben sollen, wird von den Kindern freies Schreiben verlangt. Dies fördert sowohl die Kreativität, als auch die Fantasie und Vorstellungskraft der Schüler. Sie müssen in der Lage sein, sich in die Königstochter hineinzuversetzen. Damit dies möglich wird, müssen die Kinder die Emotionen der Prinzessin nachvollzogen und verstanden haben. Die Person, deren Gedanken die Schüler aufschreiben sollen, wird zwar vorgegeben, trotzdem bleibt ihnen genügend Spielraum um ihrer Fantasie freien Lauf zu lassen.

Aufgabe zwei des Materials spricht die elementare Kompetenz des Erzählens an. Die Kinder müssen sich in eine Figur des Märchens hineinversetzen und die Geschichte aus deren Perspektive erzählend wiedergeben. Diese Aufgabe wird in der Märchen-Werkstatt 4 an zwei Beispielen anschaulich erklärt. Zum einen das „Rotkäppchen"-Märchen aus der Sicht des bösen Wolfes und zum anderen der Bericht einer Seejungfrau von ihren Erlebnissen mit einem jungen, blonden Fischer während eines Sturms. Aber auch bei dieser Aufgabe können die Kinder ihrer Kreativität wieder freien Lauf lassen, denn sie dürfen sich die Perspektive, aus der sie das Märchen nacherzählen, frei aussuchen. Hierbei können sie auch ihre eigenen Emotionen und Gedanken zum Märchen mit einfließen lassen. Dies ist sehr wichtig, denn „[e]ntscheidend für die Tiefe und Dauer der Beziehung zu einem Text ist die innere Beteiligung, die nicht zuletzt durch die Eigenaktivität im Umgang mit ihm entsteht."[6]. Das bedeutet also, dass für die Schüler das Verhältnis zum Text vor allem von eigenständiger Arbeit mit diesem geprägt ist. Wenn sie sich eigene Gedanken zum Märchen machen, was bei dieser Aufgabe gefordert wird, verstehen sie den Inhalt und das Sinnpotential des Textes noch besser und er bleibt ihnen länger in Erinnerung. Doch die Kinder dürfen nicht nur eigene Gedanken mit in die Erzählung einbringen; sie müssen auch auf die im Märchen vermittelten Werte und Normen Rücksicht nehmen. Schließlich gilt es diese auch mit einzubringen. Um dazu in der Lage zu sein, müssen die Schüler das Sinnpotential und die im Text verwendeten Gleichnisse verstanden haben. Ein weiterer Vorteil dieser Aufgabe ist, dass die Kinder „nur" Erzählen, nicht aber Schreiben müssen. Dadurch werden sie nicht durch ihre eventuell noch begrenzte Schriftsprache eingeschränkt und können sich voll und ganz auf den Erzählvorgang sowie auf das Wahrnehmen und Verstehen der Geschichte konzentrieren.

Bei der dritten Aufgabe des didaktischen Materials geht es um ein Theaterspiel, bei dem der Dialog zwischen Vater und Tochter dargestellt werden soll. Dabei werden Probleme aus der Lebenswelt der Kinder wie Unstimmigkeiten mit den Eltern oder „vernünftig sein" aufgearbeitet. Ein Kind muss sich in die Lage des Vaters versetzen, der die Autorität hat und dafür Sorge trägt, dass seine Tochter rechtens handelt. Hierbei geht es darum zu verstehen, dass die Eltern immer nur das Beste wollen, auch wenn sie manchmal Dinge verlangen, die ihren Schützlingen gar nicht gefallen. Das andere Kind sieht die Geschichte aus der Perspektive der Prinzessin, die Widerwillens ihrem Vater gehorcht, obwohl sie den Frosch verabscheut. Hierbei wird auch die Lehre, dass Versprechen eingehalten werden müssen, nochmals aufgearbeitet und vertieft. Diese Aufgabe ist also, wie die vorhergehenden auch, bestens dafür geeignet, um einen tieferen Zugang zum Inhalt und Sinnpotential des Märchens zu erhalten.

Die vierte und letzte Aufgabe bedient sich des Prozesses vom Erzählen hin zum Gestalten. Die Schüler sollen sich aus verschiedenen Materialien Handpuppen basteln und mit deren Unterstützung die Geschichte nacherzählen bzw. vorspielen. Sehr gut sind dazu auch die Bastelanleitungen in der Märchen-Werkstatt 9. Es werden drei verschiedene, kindgerechte

---

[6] Richter, 2007, S. 30

Varianten von Handpuppen vorgestellt, deren Anfertigung ebenfalls beschrieben wird. Doch auch bei dieser Aufgabe wird die Fantasie der Kinder gefördert, denn sie können die Puppen trotz einiger Vorgaben nach ihren eigenen Vorstellungen gestalten. Dies fördert nicht nur den Zugang zum Sinnpotential sowie das emotionale Verständnis der Geschichte, sondern auch die Kreativität und vor allem das handwerkliche Geschick. Dieser „handlungs- und produktionsorientierte Unterricht"[7] wirkt sich auch positiv auf die Lesemotivation aus, deren Förderung eines der elementaren Ziele des Literaturunterrichtes ist. Die Herstellung solcher Handpuppen weckt Neugierde und hilft dabei Lesefreude und Leseinteresse zu entwickeln – alles lesemotivierende Effekte[8]. In dieser Aufgabe, genauer gesagt im zweiten Teil der Märchen-Werkstatt 9, findet sich noch ein weiterer hervorragender Ansatz zum Wiedergeben der Geschichte: „Märchen in der Streichholzschachtel". Dabei wird kindgerecht erklärt, wie mit Hilfe von Zeichnungen und einer Streichholzschachtel eine schöne Bildgeschichte gefertigt werden kann. Dazu müssen die Kinder entscheiden, welches die zentralen Punkte des Märchens sind, um diese dann aufzuzeichnen. Sie müssen zwischen wichtigen und weniger wichtigen Teilen der Handlung abwägen, was erneut zur Vertiefung des Zugangs zur Geschichte führt. Diese Bildgeschichte in der Streichholzschachtel können sie später weiterverschenken oder selber zum Nacherzählen des Märchens verwenden.

Alle Aufgabenstellungen sind für die Verwendung im Unterricht der Grundschule bestens geeignet und dienen der Förderung der Kreativität und Vorstellungskraft der Schüler, vertiefen den Zugang zum Märchen und zielen auf die Entwicklung des eigenständigen Arbeitens ab, was für die spätere Schullaufbahn von großer Wichtigkeit ist.

---

[7] Richter, 2007, S. 23
[8] Vgl. Richter, 2007, S. 23

4. Zusammenfassung

Abschließend ist festzustellen, dass das dargereichte didaktische Material ausgezeichnet für den Einsatz in der Grundschule geeignet ist. Eigenverantwortung, sowie Kreativität und Selbständigkeit werden gleichermaßen gefördert und gefordert. Der Zugang zum Text wird erleichtert und es wird sichergestellt, dass die Schüler in das Sinnpotential des Märchens eindringen.

Da keine Altersstufe vorgegeben ist, müssen die Lehrer selber entscheiden, in welcher Klasse sie das Unterrichtsmaterial einsetzen. Meiner Meinung nach ist es für Schüler der Klassenstufen zwei bis drei sehr gut geeignet, da diese schon gut lesen können und somit auch das angemessene Leseverständnis haben. Die gestellten Aufgaben sollten sie weder über- noch unterfordern.

Möglicherweise könnten die Mädchen von diesem Märchen mehr begeistert sein als die Jungen, denn laut einer in den achtziger Jahren großangelegten Untersuchung wurde festgestellt, dass sich Mädchen vornehmlich für die Art von Geschichten wie der „Froschkönig" oder „Schneewittchen" interessieren, Jungs dagegen mehr für Drachentötermärchen[9]. Doch dies sollte dem Zuspruch des Märchens im Unterricht keinen Abbruch tun. Denn nach wie vor geben die Kinder Märchen im Allgemeinen als ihre Lieblingslektüre an[10].

Zusammenfassend kann man also sagen, dass Märchen, auch im Literaturunterricht der Grundschule, ein unverzichtbares Genre sind. Sie faszinieren die Kinder und wecken ihr Interesse am Lesen. Sie sind und bleiben ein zentrales Kulturgut, wie auch Gerhard Haas sehr treffend formuliert: „Keine Kultur, keine Sprache der Welt ohne Märchen."[11].

---

[9] Vgl. Richter, 2007, S. 31
[10] Vgl. Richter, 2007, S. 34
[11] Haas 2011, S. 19

5. Literaturverzeichnis

Haas, Gerhard: „Erzähl mir doch Märchen!" Überlegung zu Funktion und Bildungswert einer universalen Erzählform. In: Franz, Kurt/ Janning, Jürgen/ Pecher, Claudia/ Richter, Karin: Faszinierende Märchenwelt. Das Märchen in Illustration, Theater und Film. Baltmannsweiler: Schneider Verlag Hohengehren 2011. S. 231-251.

Lange, Günther/ Ziesenis, Werner: Märchen. In: Lange, Günther (Hrsg.): Kinder- und Jugendliteratur der Gegenwart. Ein Handbuch. Baltmannweiler: Schneider Verlag Hohengehren 2010. S. 168-192.

Lüthi, Max: Das europäische Volksmärchen. Tübingen und Basel: A. Francke Verlag 2005.

Richter, Karin: Kinderliteratur im Literaturunterricht der Grundschule. Befunde – Konzepte – Modelle, Baltmannsweiler: Schneider Verlag Hohengehren 2007.